LA PAROLE DU ROI

OU

LA FRANCE RÉGÉNÉRÉE

PAR

F.-H. DURBEC

« Trève à nos divisions pour ne
songer qu'aux maux de la Patrie!
N'a-t-elle pas assez souffert? »

Prix : 1 fr.

MARSEILLE

CHEZ LEBON, LIBRAIRE

Rue Paradis, 43

1875

LA
PAROLE DU ROI

OU

LA FRANCE RÉGÉNÉRÉE

PAR

F.-H. DURBEC

« Trève à nos divisions pour ne
songer qu'aux maux de la Patrie !
N'a-t-elle pas assez souffert ? »

Prix : 1 fr.

MARSEILLE

TYPOGRAPHIE MARIUS OLIVE
Rue Sainte, 39.

1875

AU LECTEUR

———

Depuis la chute providentielle du second Empire et les événements déplorables qui ont marqué, d'un sceau lugubre, les dernières pages de notre histoire nationale, bien des plumes autorisées ont lutté avec énergie contre cet esprit irréligieux et révolutionnaire, seule cause de nos malheurs ; et, malgré la profondeur de nos plaies sociales, elles nous ont montré le remède à côté du mal.

Ces plumes généreuses et convaincues n'étaient, en réalité, que l'écho fidèle de deux voix paternelles et loyales entre toutes : celles de Pie IX et du Comte de Chambord.

Bien que, pour notre part, nous ayons déjà répondu à ce double appel, dans la faible mesure de nos facultés, mais avec toute la sincérité de nos convictions religieuses et politiques, nous croyons devoir aujourd'hui faire, à notre tour, un *suprême effort* pour aider à convaincre ceux qui, de bonne foi, pourraient encore douter de l'excellence des principes que nous défendons, en reproduisant dans ce nouvel opuscule, des documents historiques qui ne sauraient être trop médités.

A ceux qui feindraient de voir, dans la publication de LA PAROLE DU ROI, autre chose que le bien de la France, dégagé de tout esprit d'hostilité pour le pouvoir nouvellement établi, nous répondrons d'avance, sans crainte d'être désavoué par les cœurs honnêtes et impartiaux de tous les partis, que les théories exposées dans le texte original de nos citations, aussi bien que les réflexions qu'elles nous ont inspirées, ne sauraient, en aucune manière et sous aucun point de vue légitime, justifier une pareille interprétation; et que, loin de constituer, à l'heure présente, le moindre danger pour la Cause publique, *cette parole, si loyale et si paternelle,* coulera comme un baume céleste dans nos cœurs endoloris, et y déposera, avec l'oubli de nos dissensions passées, un germe fécond d'espérance pour l'avenir.

Puisse une lecture plus attentive rallier tous les cœurs français et honnêtes dans un sentiment commun de véritable patriotisme, de sincère fraternité, et conjurer, lorsqu'il en est temps encore, les nouveaux orages qui pourraient éclater sur notre malheureux pays !

LA PAROLE DU ROI

I.

Il y a dans la vie des peuples comme dans celle des individus, une heure solennelle propre au relèvement ou à la chute définitive des familles et des nationalités.

Cette loi, d'une application générale dans l'ordre de la Création, apparaît toutefois avec plus ou moins d'évidence, suivant qu'elle exerce son empire sur tel ou tel personnage, sur telle ou telle nation.

Mais, en quelque lieu qu'elle se produise, et quel que soit l'être qui y est soumis, elle est toujours accompagnée de cette action secrète de la Providence qui se révèle à nous par de salutaires avertissements; et, lorsque Dieu laisse échapper de ses mains puissantes les foudres vengeresses de sa Justice, ce n'est qu'après avoir, en quelque sorte, épuisé les trésors de Sa Miséricorde.

Or, cette vérité fondamentale qu'une expérience de soixante siècles a irrévocablement constatée, semble recevoir, de nos jours, une nouvelle et éclatante manifestation.

Que se passe-t-il, en effet, à l'heure actuelle, au sein du monde civilisé ? les principes sociaux confondus ; la loyauté contestée ; l'honnêteté et le droit méconnus ; la Religion humiliée et persécutée ; seules l'Anarchie des idées et la Libre Pensée à l'ordre du jour ! ! !...

Toutefois, au milieu de cette nuit profonde des intelligences, apparaissent çà et là quelques points lumineux qui en diminuent sensiblement l'obscurité ; et, à côté de ce chaos d'idées dont les Babels modernes présentent le douloureux spectacle, retentit comme un écho céleste, la parole infaillible du Vicaire de Jésus-Christ qui nous promet la Victoire après le Combat.

Nous suivrons donc avec confiance la barque de Pierre qui, étant de construction divine, ne saurait jamais sombrer ; et, quels que soient le nombre et la puissance des ennemis de l'Eglise, nous nous rappellerons les rassurantes paroles qui furent adressées au prince des Apôtres par son divin fondateur.

Et voilà pourquoi aussi, au plus fort de la lutte, le glorieux prisonnier du Vatican a fait entendre au monde ce cri consolateur : JE VAINCRAI !

Mais, à cette victoire prochaine de l'Eglise, qui nous a été révélée par la bouche même du *Docteur infaillible*, nous semble liée une autre victoire que les hommes de cœur appellent de tous leurs vœux : Celle de la régénération morale et politique de la « Nation Chrétienne et Française » par l'avènement prochain au trône de ses pères, de l'auguste descendant de nos Rois.

Fort de l'imprescriptibilité de son droit et convaincu de sa mission providentielle, M. le Comte de Chambord, dans un langage inimitable et dont il a seul le secret, crie à la France comme Pie IX à la Chrétienté : ET MOI AUSSI JE VAINCRAI !

A l'appui de notre appréciation, nous pourrions invoquer le témoignage authentique et irrécusable des nombreux documents que ce grand prince a successivement adressés à la France, de la terre d'exil ; mais, pour ne pas dépasser les limites que nous nous sommes tracées dans cet opuscule, nous nous bornerons à reproduire ceux de ces documents qui nous ont paru justifier suffisamment notre assertion, en ayant soin, toutefois, de souligner les passages sur lesquels nous avons cru devoir appeler plus particulièrement l'attention.

Et d'abord, comme point de départ, rappelons, une fois encore, les paroles mémorables prononcées, dans une circonstance solennelle, par un des Ministres de Charles X :

Sire, avait dit M. Odilon-Barot au Roi de France, au moment de se séparer de lui, tenant par la main le jeune prince qui s'appelait encore le Duc de Bordeaux : « SIRE, CONSERVEZ CET ENFANT PRÉCIEUX SUR LEQUEL REPOSENT LES DESTINÉES DU PAYS. » Paroles prophétiques qui ne sauraient manquer d'avoir un jour leur accomplissement ....

Dès ce moment l'Europe entière eut les yeux

fixés sur le jeune prince qui prenait ainsi le chemin de l'exil, emportant avec lui les destinées d'une grande nation.

Pénétré des devoirs que lui imposait la tutelle royale, Charles X entoura l'auguste enfant d'une sollicitude toute paternelle et lui donna, pour présider à son éducation, les hommes les plus compétents parmi lesquels figuraient en première ligne, l'habile ingénieur M. Barande et Monseigneur Frayssinoux, Evêque d'Hermopolis.

« Je veux, avant tout — disait l'illustre
« prélat — en faire un honnête homme, un
« Chrétien qui puisse supporter la bonne
« comme la mauvaise fortune. Je lui dirai : il
« importe peu que vous soyez roi. Dieu seul
« en décidera. Mais ce qui importe, c'est que
« si vous n'êtes pas sur le trône, chacun
« voie et sente que vous êtes digne d'y mon-
« ter. »

A voir les résultats d'un plan d'éducation aussi admirable, on est tenté de se demander à qui des deux incombe la plus large part de mérite, ou de celui qui l'a si fidèlement mis à exécution, ou de celui qui en a si brillamment réalisé les espérances.

Mais, si Mgr le Comte de Chambord a pleinement atteint le but que s'était proposé son illustre Maitre, en montrant au monde un caractère éminemment supérieur, il n'a pas répondu avec moins de succès aux efforts de ceux qui furent appelés à l'initier aux secrets de la Science, tels que MM. Cauchy, La Villatte, le colonel Monnier et le général d'Hautpoul.

Formé de bonne heure à l'école de ces habiles maîtres, le jeune prince compléta son éducation virile par une série de voyages qui devaient lui faciliter singulièrement l'usage des langues étrangères dont il connaissait déjà les éléments. Mais c'est pendant son séjour à Rome, en 1839, que commença à se révéler le caractère politique du comte de Chambord.

« Si j'étais roi, dit-il, je voudrais être « *roi de France et non d'un parti.* Je ne de « manderais pas aux hommes ce qu'ils ont « fait, mais ce qu'ils peuvent faire. »

Dans une lettre adressée à M. de Chateaubriand, à la suite d'un voyage qu'il fit à Londres en 1840, M. le Comte de Chambord s'exprimait ainsi :

« En me trouvant avec vous en parfaite
« communauté d'opinion et de sentiments, je
« suis heureux de voir que la ligne de conduite
« que j'ai adoptée dans l'exil et la position
« que j'ai prise sont, de tous points, conformes
« aux conseils que j'ai voulu demander à
« votre longue expérience et à vos lumières.
« Je marcherai donc avec encore plus de
« *confiance* et de *fermeté dans la voie que je*
« *me suis tracée.*

En 1844, Mgr le Comte de Chambord écrivait à M. Hyde de Neuville :

« Je regarde les droits que je tiens de ma
« naissance comme *appartenant à la France*
« et bien loin qu'ils puissent devenir, *dans un*
« *intérêt personnel*, une occasion de trouble
« et de malheur pour elle, je ne veux jamais
« remettre les pieds en France que lorsque
« *ma présence sera utile à son bonheur.*

En 1848, alors que les tristes journées de Juin semblaient autoriser sa présence au milieu de nous, on le voit exprimer la même pensée par cette déclaration publique :

« FRANÇAIS, avant tout, je n'ai jamais souf-
« fert , je ne souffrirai jamais que mon nom
« soit prononcé lorsqu'il ne pourrait être
« qu'une occasion de division et de trouble.

« Que si la France, lasse enfin de toutes
« ces expériences qui n'aboutissent qu'à la
« tenir perpétuellement suspendue sur un
« abîme, tourne vers moi ses regards et
« prononce ELLE-MÊME, mon nom comme un
« gage de salut et de sécurité, comme la
« garantie véritable des droits et de la liberté
« de tous, qu'elle se souvienne QUE MON BRAS,
« QUE MON CŒUR, QUE MA VIE, QUE TOUT EST
« A ELLE ET QU'ELLE PEUT TOUJOURS COMPTER
« SUR MOI. »

Il écrivait à Berryer, en 1848, cette lettre aussi belle d'expressions que sublime de sentiments :

« Dépositaire du principe fondamental de la monarchie, je sais que cette monarchie ne répondrait pas à tous les besoins de la France, si elle n'était pas en harmonie avec son état social, ses mœurs, ses intérêts, et si la France n'en acceptait pas avec confiance la nécessité. JE RESPECTE MON PAYS AUTANT QUE JE L'AIME. J'honore sa civilisation et sa gloire contemporaines autant que les traditions et les souvenirs de son histoire Les maximes qu'il a fortement à cœur et que vous avez rappelées à la Tribune, *l'égalité devant la loi, la liberté de conscience, le libre accès pour tous les mérites, à tous les avantages sociaux,* tous ces grands principes d'une société éclairée et chrétienne me sont chers et sacrés comme à vous, comme à tous les français...

« Donner à ces principes toutes les garanties qui leur sont nécessaires par des institutions conformes aux vœux de la nation et fonder, *d'accord avec elle,* un gouvernement régulier et stable, en le plaçant sur la base de L'HÉRÉDITÉ MONARCHIQUE et sous la garde des LIBERTÉS PUBLIQUES, à la fois fortement réglées et loyalement respectées, tel serait l'unique but de mon ambition. J'ose espérer *qu'avec l'aide de tous les bons citoyens, de tous les membres de ma famille,* je ne manquerais ni de courage ni de persévérance pour accomplir cette œuvre de restauration nationale, seul moyen de rendre à la France ces perspectives de l'avenir, sans lesquelles LE PRÉSENT, MÊME TRANQUILLE, DEMEURE INQUIET ET FRAPPÉ DE STÉRILITÉ. »

Quelle analogie frappante entre la France de 1848, et celle d'aujourd'hui ! Mais continuons notre citation :

« Après tant de vicissitudes et d'essais infructueux, la France saura, j'en ai la ferme confiance, reconnaître ELLE-MÊME où sont ses meilleures destinées. Le jour où elle sera convaincue que le principe traditionnel et séculaire de L'HÉRÉDITÉ MONARCHIQUE, est la plus sure garantie de la stabilité de son gouvernement, du développement de ses libertés, elle trouvera en moi un FRANÇAIS DÉVOUÉ, empressé de rallier autour de lui, toutes les capacités, tous les talents, toutes les gloires, tous les hommes qui, par leurs anciens services, ont mérité la reconnaissance du pays. »

Mais, hélas ! ni la voix du prince exilé, ni celle du grand orateur ne furent alors entendues, et la France continua à marcher vers l'abîme.

C'est avec un douloureux serrement de cœur que nous reproduisons ici les dernières paroles de celui qui, inébranlable dans sa foi politique, ne sépara jamais la cause de la France d'avec celle de son Roi.

« O Monseigneur, ô mon Roi! On me dit que je « touche à ma dernière heure. Je meurs avec la « douleur de n'avoir pas vu le triomphe de vos « droits héréditaires, consacrant l'établisse- « ment et le développement des libertés dont « notre patrie a besoin. Je porte ces vœux au « Ciel pour votre Majesté, pour sa Majesté la « Reine, pour notre chère France .. Adieu, Sire, « que Dieu vous protège et sauve la France!...»

A côté des tristes réflexions que devait provoquer un jour le plus affligeant des contrastes, qui ne verrait dans cette sublime expression d'un vœu suprême porté au Ciel par l'un des plus fidèles serviteurs de la Royauté, un élément précieux d'espérance pour le triomphe définitif de la cause qu'il avait si noblement, si courageusement défendue?

Cependant les excès du gouvernement provisoire ayant facilité l'avènement de Louis

Napoléon a la Présidence de la République, M. le Comte de Chambord, en vue des changements qui allaient s'opérer dans la forme du gouvernement de la France, traçait ainsi d'avance à ses amis politiques, dans une lettre du 27 avril 1852, datée de Venise, la ligne de conduite qu'ils auraient à suivre, le cas échéant:

« Depuis les évènements derniers, j'ai fait connaître plusieurs fois à mes amis, quels étaient mes sentiments, mes désirs ; mais en présence du langage tenu récemment par le chef du gouvernement actuel, et les tendances qui se manifestent de plus en plus, j'éprouve le besoin d'adresser de nouveau la parole à tous ceux qui sont restés jusqu'ici et qui veulent rester toujours fidèles au principe dont je suis le représentant, *principe qui peut seul assurer à la France son repos, son bonheur et ses libertés.*

« Je vais donc leur expliquer franchement, loyalement, la ligne de conduite qu'il me paraît nécessaire d'adopter dans les circonstances présentes, sans leur dissimuler les sacrifices qu'elle exige de leur dévouement.

« *Le premier devoir des Royalistes c'est de ne faire aucun acte, de ne prendre aucun engagement qui soit en opposition avec leur foi politique ;* fortement convaincus que le Salut de la patrie est attaché au rétablissement de la Monarchie légitime, ils doivent, avant tout, s'appliquer à conserver intacts les principes qui en sont la base : ainsi donc, quelque avantage qu'il puisse y avoir à occuper des positions et des emplois qui les mettraient en rapport et en contact habituel avec les populations, ils ne doivent pas hésiter à les refuser, si l'on voulait exiger d'eux des engagements et des promesses contraires à leur principes et qui ne leur permettraient pas de faire, en toute circonstance, ce que leurs convictions leur imposent.

« Mais, lors même que les Royalistes se verraient forcés par des motifs de conscience, d'honneur et de loyauté, de renoncer à toutes les fonctions publiques, il ne leur resterait pas moins des devoirs à remplir envers la Société ; qu'ils vivent le plus possible, comme je n'ai cessé de le leur demander, au milieu des populations sur lesquelles ils peuvent exercer de l'influence, et qu'ils cherchent en se rendant utiles, à acquérir chaque jour, plus de droit à leur confiance et à leur gratitude.

« Ils peuvent aussi et ils doivent même aider le Gouvernement dans la lutte qu'il soutient contre les doctrines anarchiques et socialistes, et si de nouvelles crises venaient malheureusement à éclater, ils auraient encore, ainsi qu'ils l'ont déjà fait, à se montrer les plus zélés, les plus courageux défenseurs de l'ordre social.

« *Tout porte à croire que l'on tentera bientôt de faire subir un changement considérable à la forme du Gouvernement.* Les hommes monarchiques ne s'opposeront pas, par la violence, à cette expérience nouvelle ; car, à mon exemple, ils ne voudront jamais rien faire qui puisse troubler le repos du pays ; mais ce sera une obligation rigoureuse pour eux de protester formellement et par tous les moyens pacifiques qui seront à leur disposition, *contre un changement qui ne peut avoir que des conséquences fatales, en compromettant les destinées de la France et en l'exposant encore une fois à des catastrophes et à des périls dont la Monarchie légitime a pu seule la préserver. »*

On le voit, M. le comte de Chambord pressentait, 18 ans d'avance, les fautes du second Empire et les désastres d'une nouvelle invasion.

Mais laissons-le continuer :

« Je répéterai ici ce que j'ai souvent dit à mes amis : Soyez inébranlables sur les principes, mais en même temps, soyez calmes et patients et toujours modérés et conciliants pour les personnes. Que vos rangs, que vos cœurs, comme le mien, restent constamment ouverts à tous. Peut-être quelques-uns d'entre vous, retenus par divers motifs, ne suivront pas d'abord la voie que je viens d'indiquer; mais éclairés plus tard par l'expérience et par la marche même des événements, ils reviendront tous à nous, je n'en doute pas, et nous les recevrons avec bonheur.

« Accueillons aussi avec empressement, avec cordialité, tous les hommes des autres opinions qui se rapprochent de nous tous les jours et nous apportent le précieux concours de leur zèle, de leurs lumières et de leur patriotisme.

« C'est en présentant à la France le spectacle de L'UNION DE TOUTES LES FORCES MONARCHIQUES, que nous l'amènerons à renoncer à tant *d'essais infructueux* et à reconnaître elle-même son meilleur et son plus sûr avenir. Nous sommes tous dans des temps d'épreuve et de sacrifice, et mes amis n'oublieront pas que c'est de *l'exil* que je fais ce nouvel appel à leur constance et à leur dévouement.

« *Des jours plus heureux luiront pour la France et pour nous, j'en ai la ferme confiance, c'est dans mon ardent amour pour mon pays, c'est dans l'espérance de le revoir que je puise les forces et le courage qui me sont nécessaires pour accomplir les grands devoirs qui me sont imposés par la Providence.*

« Il convient qu'on prenne les mesures nécessaires pour que ces instructions écrites et signées de moi soient portées le plus promptement possible à la connaissance de tous mes amis ; car il importe qu'aucun d'eux ne puisse se plaindre de n'avoir pas été informé en temps utile des intentions et des avis que j'ai manifestés.

On le voit, c'est toujours avec la même franchise et la même loyauté de langage que M. le Comte de Chambord s'exprime, chaque fois que la gravité des circonstances l'oblige à adresser la parole à ceux qu'il appelle ses amis. Rien n'échappe a ses méditations dans la marche des évènements politiques, et, s'il ne dissimule pas des craintes et des appréhensions que les faits ne tarderont pas à justifier, il n'en demeure pas moins confiant dans le triomphe définitif de la cause qu'il représente, et « C'EST DANS SON ARDENT AMOUR POUR SON PAYS ET DANS L'ESPÉRANCE DE LE REVOIR QU'IL PUISE LES FORCES ET LE COURAGE QUI LUI SONT NÉCESSAIRES POUR ACCOMPLIR LES GRANDS DEVOIRS QUI LUI SONT IMPOSÉS PAR LA PRO-VIDENCE. »

Aux instructions si nettes et si précises, contenues dans la lettre du 27 avril que nous

venons de reproduire, ajoutons la belle proclamation que M. le comte de Chambord
adressa de Frohsdorf au peuple Français, au
moment du plébiscite :

FRANÇAIS,

« En présence des épreuves de ma patrie
« je me suis volontairement condamné à l'i-
« naction et au silence. Je ne me pardonne-
« rais pas d'avoir pu un seul moment ag-
« graver ses embarras et ses périls. Séparé
« de la France, elle m'est chère et sacrée
« autant et plus que si je ne l'avais jamais
« quittée. J'ignore s'il me sera donné de ser-
« vir un jour mon pays, mais je suis bien sûr
« qu'il n'aura pas à me reprocher une paro-
« le, une démarche, qui puissent porter la
« moindre atteinte à sa prospérité et à son
« repos. C'est son honneur comme le mien,
« c'est le soin de son avenir, c'est mon de-
« voir envers lui, qui me décident à élever
« aujourd'hui la voix.

« Français, vous voulez la Monarchie, vous
« avez reconnu qu'elle seule peut vous rendre,

« avec un gouvernement régulier et stable,
« cette sécurité de tous les droits, cette ga-
« rantie de tous les intérêts, cet accord per-
« manent d'une autorité forte et d'une sage
« liberté qui fondent et assurent le bonheur
« des nations. *Ne vous livrez pas à des illu-*
« *sions qui tôt ou tard vous seraient funestes.*
« *Le nouvel empire qu'on vous propose ne*
« *saurait être cette Monarchie tempérée et*
« *durable dont vous attendez tous ces biens.*
« *On se trompe et on vous trompe quand on*
« *vous les promet en son nom.* La Monar-
« chie véritable, la Monarchie traditionnelle,
« appuyée sur le droit héréditaire et consa-
« crée par le temps, peut seule vous remet-
« tre en possession de ces précieux avantages,
« et vous en faire jouir à jamais. *Le génie et*
« *la gloire de Napoléon n'ont pu suffire à*
« *fonder rien de stable ; son nom et son souve-*
« *nir y suffiraient bien moins encore.* On ne
« rétablit pas la sécurité en ébranlant le prin-
« cipe sur lequel repose le trône, et on ne
« consolide pas tous les droits en méconnais-
« sant celui qui est parmi nous la base né-

« cessaire de l'ordre Monarchique. La Mo-
« narchie en France, c'est la Maison Royale
« de France, indissolublement unie a la na-
« tion. Mes pères et les vôtres ont traversé
« les siècles, travaillant de concert, selon les
« mœurs et les besoins du temps, au déve-
« loppement de notre belle patrie. *Pendant
« quatorze cents ans, seuls entre tous les peu-
« ples de l'Europe, les Français ont toujours
« eu à leur tête des princes de leur nation et de
« leur sang.* L'histoire de mes ancêtres est
« l'histoire de la grandeur progressive de la
« France et c'est encore la Monarchie qui l'a
« dotée de cette conquête d'Alger, si riche
« d'avenir, si riche déjà par les hautes renom-
« mées militaires qu'elle a créées, et dont la
« gloire s'ajoute à toutes nos gloires.

« Quels que soient sur vous et sur moi les
« desseins de Dieu, resté chef de l'antique
« race de nos rois, héritier de cette longue
« suite de monarques qui durant tant de siè-
« cles, ont incessamment accru et fait respec-
« ter la puissance et la fortune de la France,
« je me dois à moi-même, je dois à ma famille

« et à ma patrie, de protester hautement con-
« tre des combinaisons mensongères et pleines
« de dangers. Je maintiens donc mon droit, qui
« est le plus sûr garant des vôtres, et prenant
« Dieu à témoin, *je déclare à la France et au*
« *monde que, fidèle aux lois du royaume et*
« *aux traditions de mes aïeux, je conserverai*
« *religieusement jusqu'à mon dernier soupir*
« *le dépôt de la Monarchie héréditaire dont*
« *la Providence m'a confié la garde et qui*
« *est l'unique port de salut où, après tant*
« *d'orages, cette France, objet de tout notre*
« *amour, pourra retrouver enfin le repos et le*
« *bonheur.*

Frohsdorf, le 25 octobre, 1852. »

HENRY.

En lisant attentivement les deux documents
qui précèdent, on est bien forcé de se demander avec un profond sentiment de tristesse,
comment la France a pu rester sourde à la voix
de son Roi, et répondre par un vote affirmatif,
à la bouche hypocrite qui avait osé lui dire :
l'Empire c'est la paix !

Toutefois, si l'on considère dans quelles circonstances et à l'aide de quels moyens a été obtenu le résultat plébiscitaire de 1852, on ne verra plus dans le rétablissement de l'Empire, qu'une simple manifestation de l'instinct monarchique de la Nation et la condamnation solennelle des doctrines pernicieuses qui avaient si profondément agité le pays.

Or, s'il est vrai de dire que le peuple français avait cru, en votant pour l'Empire, voter effectivement pour la paix , il n'est pas moins vrai d'ajouter que les actes de Napoléon III ne tardèrent pas à démentir ses paroles et à justifier, en tous points, celles du Comte de Chambord.

Nous croirions superflu de rappeler ici les évènements qui marquèrent les premières années d'un règne que l'histoire jugera sans doute bien sévèrement et qui, comme le premier Empire, issu de la Révolution, devait fatalement vivre de la même vie, mourir de la même mort.

Constatons seulement que, sous des dehors hypocrites et par des paroles artificieuses, le second Empire poursuivit, au dedans, l'œuvre corruptrice du gouvernement de juillet et, au dehors, celle non moins périlleuse du vainqueur d'Austerlitz.

Quoiqu'il en soit, la France, abusée par les apparences d'une grandeur factice, et surtout, éblouie du succès de ses armes en Crimée et en Italie, marcha en aveugle vers l'écueil fatal qu'une bouche auguste lui avait en vain signalé, oubliant encore une fois des paroles qui, comme autant de prophéties, devaient un jour se réaliser....

II.

Ainsi que nous l'avons dit au chapitre qui précède, le peuple français, abusé par une politique astucieuse et adulatrice, applaudit sans réserve aux nouvelles splendeurs de la capitale, et le succès des deux premières campagnes, en flattant l'orgueil national, servit à merveille l'humeur belliqueuse du Souverain. Mais, à côté de ces esprits superficiels et oublieux des enseignements de l'histoire, des hommes clairvoyants et animés du véritable amour du pays, ne voyaient point sans inquiétude les finances de l'Etat follement prodiguées à l'intérieur, et au dehors le drapeau français tenter encore le sort des batailles dans des expéditions lointaines et aventureuses auxquelles l'intérêt de la France n'était rien moins qu'attaché. — C'est ainsi que l'expédition du Mexique avec ses résultats négatifs vint justifier les craintes de ces derniers et, par la retraite forcée de notre armée, porter une première atteinte au prestige du nom français.

Mais, si l'expédition du Mexique fut une faute, l'alliance de Napoléon III avec Victor-Emmanuel contre l'Autriche, fut une lâcheté dont la conséquence immédiate allait, au mépris des traités, ouvrir la porte à d'injustes convoitises et compromettre ainsi l'existence de l'équilibre européen.

On sait, aujourd'hui, ce qu'a valu à la France la réalisation du rêve de Cavour, et comment le roi *galant-homme* a tenu sa parole envers la Papauté !...

C'est sous l'impression de ce double sentiment, qu'en 1866, après les batailles de Sadowa et de Castelfidardo, M. le Comte de Chambord exprimait ainsi au général de Saint-Priest des craintes qui devaient bientôt, hélas ! devenir de bien tristes réalités !.....

« L'année qui va finir, mon cher ami, n'a pas été heureuse pour l'Europe et en particulier pour la France : — La gravité des circonstances frappe tous les esprits. La situation est pleine d'incertitude et de périls. L'opinion publique s'en émeut, les intérêts menacés s'inquiètent du présent et s'effraient de l'avenir ; à peine remis d'une secousse violente, ils en redoutent de nouvelles.

« Des questions qui semblaient assoupies se réveillent, partout on arme ; partout on prépare des moyens de destruction et de guerre.

« Les évènements dont l'Allemagne et l'Italie ont été récemment le théâtre ont confondu tous les calculs, trompé toutes les prévisions, rompu brusquement l'équilibre européen, et aucun pays n'en a ressenti plus vivement que le nôtre le douloureux contre-coup.

« Cependant, grâce à Dieu, en considérant avec calme et sang froid l'état des choses, je n'y vois rien pour nous d'irréparable. Notre influence prépondérante a été profondément atteinte ; mais une sage et ferme conduite, sans témérité comme sans faiblesse, peut la relever. Oui, la France, avec son énergie, sa loyauté, son désintéressement, prompte à se passionner pour toutes les grandes idées, à se dévouer pour toutes les justes causes, avec son armée aussi admirable par la discipline que par la valeur, avec sa puissante unité, œuvre des siècles, marchera toujours à la tète des nations ; sa grandeur est nécessaire à l'ordre, à la stabilité, au repos de l'Europe.

« Mais c'est une raison de plus pour ne pas négliger les conseils d'une politique prévoyante ; pour ne pas accepter en silence ce que nos pères se sont efforcé d'empêcher dans tous les temps ; *pour ne pas laisser se former à nos portes deux vastes états dont l'un surtout dispose d'une puissance miliaire incontestable.*

« Justement jaloux de l'honneur et de la

dignité de notre belle patrie, craignons pour elle jusqu'à l'ombre même d'un amoindrissement de l'influence qui lui appartient.

« Ici naturellement ma pensée se porte avec tristesse sur Rome, où nous laissons abattre en ce moment une des grandes choses que Dieu a faites par la France. *Gesta Dei per francos.* Je veux dire LA SOUVERAINETÉ TEMPORELLE DU CHEF DE L'ÉGLISE, INDISPENSABLE GARANTIE DE SON INDÉPENDANCE ET DU LIBRE EXERCICE DE SON AUTORITÉ SPIRITUELLE DANS TOUT L'UNIVERS.

« Lorsqu'il y a dix-huit ans, nous avons relevé cette institution dix fois séculaire, un instant renversée par la révolution, nous avons revendiqué hautement comme un droit sacré le devoir de la défendre contre de nouvelles attaques, et tant que nos soldats ont gardé la cité sainte, la révolution a tremblé devant eux ; mais, leur départ est annoncé : APRÈS EUX QU'ARRIVERA-T-IL ?

« Si d'autres pensées avaient présidé au gouvernement de notre pays, fidèle à ses traditions nationales et à son glorieux titre de

fille aînée de l'Eglise, la France aurait eu
quelque chose de plus à offrir au Saint-Père,
qu'un appui provisoire et passager. Soutenu
par elle, Pie IX n'aurait eu rien à craindre de
ses ennemis. Il eût accompli en paix sa double mission de Pontife-Roi, et ses peuples lui
devraient depuis longtemps les améliorations
dont il avait pris lui-même la généreuse et
paternelle initiative. AUJOURD'HUI NOUS TOU-
CHONS PEUT-ÊTRE A UNE CATASTROPHE DONT LES
CONSÉQUENCES SONT INCALCULABLES. Ce n'est
pas l'avenir de la souveraineté pontificale qui
est seul en péril. Il ne s'agissait, disait-on,
en dépouillant le chef de l'Eglise de son pouvoir temporel, que de le ramener à la sainte
et venérable pauvreté de l'âge apostolique,
afin que, déchargé de tous les soins de la terre,
il pût exercer librement son autorité spirituelle; mais maintenant on ne se cache plus :
dans son pouvoir temporel, c'est bien son autorité spirituelle qu'on veut atteindre ; c'est au
principe même de toute autorité et de toute religion qu'on s'en prend. Bientôt on demandera
logiquement que de nos lois et de nos tribu-

naux disparaisse L'IDÉE DE DIEU, alors il n'y aura plus entre les hommes d'autre bien que L'INTÉRÊT ; la Justice ne sera plus qu'une convention ; il ne restera plus d'autre moyen pour l'obtenir que la force, — l'édifice social, miné jusque dans ses fondements, s'écroulera de toutes parts.

« On repousse, non sans raison, l'immixtion de l'Eglise dans la politique. On veut que le Clergé se renferme dans ses saintes fonctions sans se mêler aux choses du dehors. Mais, comment pourra-t-il ne pas s'en occuper quand on aura jeté le trouble dans le gouvernement de l'Eglise ; quand son Chef vénéré ne sera plus libre et qu'on l'aura forcé à quitter Rome et à errer sans asile, n'ayant pas où reposer sa tête ? NON LA CAUSE DE LA SOUVERAINETÉ DU PAPE N'EST PAS ISOLÉE ; ELLE EST CELLE DE TOUTE RELIGION, CELLE DE LA SOCIÉTÉ, CELLE DE LA LIBERTÉ.

« Il faut donc à tout prix en prévenir la chûte ; disons-le à la louange de notre pays, à aucune époque, et dans aucune circonstance il ne s'est trompé sur le caractère et la portée de ce qu'il voyait s'accomplir ; son sens droit n'a cessé d'indiquer ce qu'il y avait à faire et à éviter.

« Ainsi ses impressions premières sur l'Italie, sur l'expédition du Mexique, sur la lutte prête à s'engager en Allemagne ont signalé d'avance, dans les étroites limites laissées à leur manifestation, les dangereuses conséquences d'une politique poursuivie malgré *des avertissements réitérés que les faits n'ont pas tardé à justifier.*

« Vous me tracez, mon cher ami, un affligeant tableau de notre situation extérieure. Je reconnais, comme vous, la profondeur du mal qui arrête l'essor de nos destinées. Vous savez depuis longtemps les vœux que ma raison et mon cœur me dictent pour ma patrie, est-il besoin de vous le dire ici ?

« Un pouvoir fondé sur *l'hérédité monarchique*, respecté dans son principe et dans son action, sans faiblesse comme sans arbitraire ; un gouvernement représentatif dans sa puissante vitalité ; les dépenses publiques sérieusement contrôlées ; le règne des lois ; le libre

accès de chacun aux emplois et aux honneurs ;
la liberté religieuse et les libertés civiles con-
sacrées et hors d'atteinte ; l'administration intérieure dégagée des entraves d'une centrali-
sation excessive ; la propriété foncière rendue
à la vie et à l'indépendance par la diminution
des charges qui pèsent sur elle ; l'agriculture,
le commerce et l'industrie constamment encou-
ragés, et au-dessus de tout cela, une grande
chose : L'HONNÊTETÉ ! l'honnêteté qui n'est
pas moins une obligation dans la vie publique
que dans la vie privée, l'honnêteté qui fait la
valeur morale des Etats comme des particu-
liers.

« Est-il besoin d'ajouter qu'après tant de
déchirements, un des premiers besoins de la
France, c'est l'union, la seule politique qui lui
convienne et une politique de conciliation qui
relie au lieu de séparer, qui mette en oubli
toutes les anciennes dissidences, qui fasse
appel à tous les dévouements, à tous les mérites, à tous les nobles cœurs qui aiment la patrie comme une mère, la voulant grande, libre, heureuse et honorée.

« *Quant à moi, ma douleur est de voir de loin les maux de mon pays, sans qu'il me soit donné de les partager ; mais si dans les épreuves qu'il peut avoir encore à truverser, la Providence m'appelle un jour à le servir, n'en doutez pas, vous me verrez paraître résolument au milieu de vous pour vous sauver ou périr ensemble.*

« Vous qui me connaissez, mon cher ami, vous savez bien que les idées que je viens d'exprimer ont toujours été les miennes ; c'étaient les idées de ma jeunesse ; ce sont mes idées d'aujourd'hui, confirmées et mûries par le travail et l'expérience. »

En lisant de pareils documents, on se demande avec étonnement comment la France a pu fermer l'oreille à tant de salutaires avertissements pour écouter des hommes qui allaient la conduire à deux doigts de sa ruine. Mais, passons rapidement sur cette triste page de notre histoire nationale, et contentons-nous de rappeler les nobles et consolantes paroles que la situation de la France inspira à M. le

Comte de Chambord, au lendemain de nos désastres militaires, en reproduisant *in extenso* sa proclamation du 6 octobre 1870, au peuple français :

« FRANÇAIS,

« Vous êtes de nouveau maîtres de vos destinées.

« Pour la quatrième fois, depuis moins d'un demi-siècle, vos institutions se sont écroulées, et nous sommes livrés aux plus douloureuses épreuves.

« La France doit-elle voir le terme de ces agitations stériles, source de tant de malheurs ? C'est à vous de répondre.

« DURANT LES LONGUES ANNÉES D'UN EXIL IMMÉRITÉ je n'ai pas permis un seul jour que mon nom fût une cause de division et de trouble ; mais aujourd'hui qu'il peut être un gage de conciliation et de sécurité, je n'hésite pas à dire à mon pays QUE JE SUIS PRÊT A ME DÉVOUER TOUT ENTIER A SON BONHEUR.

« Oui, la France se relèvera si, éclairée

par les leçons de l'expérience, lasse de tant d'essais infructueux, elle consent à rentrer dans les voies que la Providence lui a tracées.

« Chef de cette maison de Bourbon qui, avec l'aide de Dieu et de vos pères, a constitué la France dans sa puissante unité, je devais ressentir plus profondément que tout autre l'étendue de nos désastres, et mieux qu'à tout autre il m'appartient de les réparer.

« Que le deuil de la Patrie soit le signal du réveil des nobles élans. L'étranger sera repoussé, l'intégrité de notre territoire assurée, si nous savons mettre en commun tous nos efforts, tous nos dévouements et tous nos sacrifices.

« Ne l'oubliez pas, c'est par le retour à ses traditions, de foi et d'honneur, que la grande Nation, un moment affaiblie, recouvrera sa puissance et sa gloire.

« Je vous le disais naguère : gouverner ne consiste pas à flatter les passions des peuples, mais à s'appuyer sur leurs vertus.

« Ne vous laissez plus entraîner par de

fatales illusions. LES INSTITUTIONS RÉPUBLI-
CAINES, *qui peuvent correspondre aux aspirations de sociétés nouvelles, ne prendront jamais
racine sur notre vieux sol monarchique.*

« Pénétré des besoins de mon temps, toute
mon ambition est de fonder, avec vous, un
gouvernement vraiment national, ayant *le
droit pour base, l'honnêteté pour moyen, la
grandeur morale pour but.*

« Effaçons jusqu'au souvenir de nos dissensions passées, si funestes au développement du véritable progrès et de la vraie liberté.

« FRANÇAIS, qu'un seul cri s'échappe de
notre cœur :

« TOUT POUR LA FRANCE, PAR LA FRANCE
ET AVEC LA FRANCE ! »

Ici naturellement se présente à notre pensée une réflexion qui n'aura point échappé
aux hommes de cœur — à savoir que si l'appel fait au peuple français par M. le Comte de
Chambord dans l'admirable proclamation
qu'on vient de lire, avait été entendu, que de

catastrophes et d'humiliations nouvelles n'auraient-elles pas été épargnées à la France ! Mais, l'œuvre de destruction n'eût pas été complète et les hommes de désordre n'auraient pas été satisfaits.

Quoiqu'il en soit, le Comte de Chambord ne se laissera point abattre ni décourager par les maux de la Patrie. Il continuera à lutter par la puissance de sa parole contre l'influence démagogique; et, avec cette majesté d'expression et cette éloquence du cœur qui lui sont si naturelles, il obtiendra, cette fois, un commencement de triomphe dans les idées par son admirable lettre du 8 mai 1871, à M...

« Comme vous, mon cher ami, j'assiste, l'âme navrée, aux cruelles péripéties de cette abominable guerre civile, qui a suivi de si près les désastres de l'invasion.

« Je n'ai pas besoin de vous dire combien je m'associe aux tristes réflexions qu'elle vous inspire et combien je comprends vos angoisses.

« Lorsque la première bombe étrangère

éclata sur Paris, je ne me suis souvenu que des grandeurs de la ville où je suis né. J'ai jeté au monde un cri de douleur qui a été entendu. Je ne pouvais rien de plus, et, aujourd'hui comme alors, je suis reduit à gémir sur les horreurs de cette guerre fratricide.

« Mais, ayez confiance, les difficultés de cette douloureuse entreprise ne sont pas au-dessus de l'héroïsme de notre armée.

« Vous vivez, me dites-vous, au milieu d'hommes de tous les partis, préoccupés de savoir ce que je veux, ce que je désire, ce que j'espère ? Faites-leur bien connaître mes pensées les plus intimes, et tous les sentiments dont je suis animé.

« *Dites-leur que je ne les ai jamais trompés, que je ne les tromperai jamais*, et que je leur demande, au nom de nos intérêts les plus chers et les plus sacrés, au nom de la civilisation, au nom du monde entier témoin de nos malheurs, d'oublier nos dissensions, nos préjugés et nos rancunes.

« Prémunissez-les contre les calomnies répandues dans l'intention de faire croire que, découragé par l'excès de nos infortunes, et désespérant de l'avenir de mon pays, j'ai renoncé au bonheur de le sauver.

« Il sera sauvé le jour où il cessera de confondre la licence avec la liberté ; il le sera surtout quand il n'attendra plus son salut de ces *gouvernements d'aventure* qui, après quelques années de fausse securité, le jettent dans d'effroyables abîmes.

« Au-dessus des agitations de la politique, il y a une France qui souffre, une France qui ne veut pas périr, et qui ne périra pas ; car, lorsque Dieu soumet une nation à de pareilles épreuves, c'est qu'il a encore sur elle de grands desseins.

« Sachons reconnaître aussi que l'abandon des principes est la vraie cause de nos désastres.

« Une nation chrétienne ne peut pas impunément déchirer les pages séculaires de son histoire, rompre la chaîne de ses traditions, inscrire en tête de sa constitution *la négation des droits de Dieu*, bannir toute pensée religieuse de ses codes et de son enseignement public.

« Dans ces conditions, elle ne fera jamais qu'une halte dans le désordre, elle oscillera perpétuellement entre le *Césarisme et l'Anarchie*, ces deux formes également honteuses des décadences païennes, et n'échappera pas au sort des peuples infidéles à leur mission.

« Le pays l'a bien compris, quand il a choisi pour mandataires des hommes éclairés comme vous sur les besoins de leur temps, mais non moins pénétrés des principes nécessaires à toute Société qui veut vivre dans l'honneur et dans la liberté. »

« C'est pourquoi, mon cher ami, malgré ce qui reste de préjugés, tout le bon sens de la France aspire à la Monarchie. Les lueurs de l'incendie lui font apercevoir son chemin ; elle sent qu'il lui faut L'ORDRE, LA JUSTICE, L'HONNÈTETÉ, et qu'en dehors de la Monarchie traditionnelle, elle ne peut rien espérer de tout cela.

« Combattez avec énergie les erreurs et les préventions, qui trouvent un accès trop facile jusques dans les âmes les plus généreuses.

« *On dit que je prétends me faire décerner*

un pouvoir sans limite : Flût à Dieu qu'on n'eût pas accordé si légèrement ce pouvoir à ceux qui, dans les jours d'orage, se sont présentés sous le nom de Sauveurs ; nous n'aurions pas la douleur de gémir aujourd'hui sur les maux de la Patrie !

« Ce que je demande, vous le savez, c'est de travailler à la régénération du pays ; c'est de donner l'essor à toutes ses aspirations légitimes ; C'EST A LA TÊTE DE TOUTE LA MAISON DE FRANCE, de présider à ses destinées, en soumettant avec confiance les actes du Gouvernement au serieux contrôle de représentants librement élus.

« On dit que la Monarchie traditionnelle est incompatible avec l'égalité devant la loi.

« Répétez bien que je n'ignore pas à ce point les leçons de l'histoire et les conditions de la vie des peuples. Comment tolérerais-je des priviléges pour d'autres, moi qui ne demande que celui de consacrer tous les instants de ma vie à la sécurité et au bonheur de la France, et d'être toujours à la peine avant d'être avec elle à l'honneur ?

« On dit que l'indépendance de la Papauté m'est chère, et que je suis résolu à lui obtenir d'efficaces garanties, on dit vrai.

« La liberté de l'Eglise est la première condition de la paix des esprits et de l'ordre dans le monde : Protéger le Saint-Siège fut toujours l'honneur de notre patrie et la cause la plus incontestable de sa grandeur parmi les nations. Ce n'est qu'aux époques de ses plus grands malheurs que la France a abandonné ce glorieux patronage.

« CROYEZ-LE BIEN, JE SERAI APPPELÉ, NON SEULEMENT PAR CE QUE JE SUIS LE DROIT, MAIS PARCE QUE JE SUIS L'ORDRE, PARCE QUE JE SUIS LA RÉFORME, PARCE QUE JE SUIS LE FONDÉ DE POUVOIRS NÉCESSAIRE POUR REMETTRE EN SA PLA-CE CE QUI N'Y EST PAS, ET GOUVERNER AVEC LA JUSTICE ET LES LOIS, DANS LE BUT DE RÉPARER LES MAUX DU PASSÉ ET DE PRÉPARER ENFIN UN AVENIR.

« On se dira que j'ai la vieille épée de la France dans la main et dans la poitrine ce cœur de Roi et de père qui n'a point de parti. Je ne suis point un parti, et je ne veux pas revenir pour régner par un parti. *Je n'ai ni injure à venger, ni ennemi à écarter, ni fortune à refaire, sauf celle de la France ;* et je puis choisir partout les ouvriers qui voudront *loyalement* s'associer à ce grand ouvrage.

« Je ne ramène que la RELIGION, la CONCORDE et la PAIX ; et je ne veux exercer de dictature que celle de la CLÉMENCE, parce que dans mes mains *seulement*, la Clémence est encore la justice.

« Voilà, mon cher ami, pourquoi je ne désespère pas de mon pays, et pourquoi je ne recule pas devant l'immensité de la tâche.

« LA PAROLE EST A LA FRANCE, ET L'HEURE A DIEU.

Ainsi que nous l'avons dit précédemment, cette lettre où l'on croit voir battre à chaque page, à chaque ligne, à chaque mot, *ce cœur de roi et de père qui n'a point departi*, ne demeura pas sans écho au sein de l'Assemblée Nationale. L'appel fait à la France par les belles paroles qui la terminent fut entendu et la loi d'exil des princes de la Maison de Bourbon ne tarda point à être abrogée.

Que se passa-t-il alors dans le cœur de ce prince qui allait revoir la France après quarante années d'un exil immérité ? Il va nous le dire lui-même en *style inimitable* dans sa proclamation du 5 juillet 1871, adressée du Château de Chambord, au peuple Français :

« Français,

« Je suis au milieu de vous.

« Vous m'avez ouvert les portes de la France, et je n'ai pu me refuser le bonheur de revoir ma patrie.

« Mais je ne veux pas donner, par ma présence prolongée, de nouveaux prétextes à l'agitation des esprits, si troublés en ce moment.

« Je quitte donc ce Chambord que vous m'avez donné, et dont j'ai porté le nom avec fierté, depuis quarante ans, sur les chemins de l'exil.

« En m'éloignant, je tiens à vous le dire, *je ne me sépare pas de vous* ; la France sait que je lui appartiens.

« Je ne puis oublier que le droit monarchique est le patrimone de la Nation, ni décliner les devoirs qu'il m'impose envers elle.

« Ces devoirs, je les remplirai, croyez-en ma parole D'HONNÊTE HOMME ET DE ROI.

« Dieu aidant, nous fonderons ensemble, et quand vous le voudrez, sur les larges assises de la décentralisation administrative et des franchises locales, UN GOUVERNEMENT CONFORME AUX BESOINS RÉELS DU PAYS.

« Nous donnerons pour garantie à ces libertés publiques auxquelles tout peuple chrétien a droit, LE SUFFRAGE UNIVERSEL HONNÊTEMENT PRATIQUÉ ET LE CONTROLE DES DEUX CHAMBRES, ET NOUS REPRENDRONS EN LUI RESTITUANT SON CARACTÈRE VÉRITABLE, LE MOUVEMENT NATIONAL DU DERNIER SIÈCLE.

« Une minorité révoltée contre les vœux du pays en a fait le point de départ d'une période de démoralisation par le mensonge et de désorganisation par la violence. Ses criminels attentats ont imposé la révolution à une nation qui ne demandait que des réformes, et l'ont dès lors poussée VERS L'ABIME OU HIER ELLE

EUT PÉRI, SANS L'HÉROIQUE EFFORT DE NOTRE ARMÉE.

Ce sont ces classes laborieuses, ces ouvriers des champs et des villes, dont le sort a fait l'objet de mes plus vives préoccupations et de mes plus chères études, qui ont le plus souffert de ce désordre social.

« Mais la France, cruellement désabusée par des désastres sans exemple, comprendra qu'on ne revient pas à la vérité en changeant d'erreur ; qu'on n'échappe pas par des expédients à des nécessités éternelles.

« *Elle m'appellera, et je viendrai à elle tout entier, avec mon dévouement, mon principe et mon drapeau.*

« A l'occasion de ce drapeau, on a parlé de conditions que je ne dois pas subir.

« FRANÇAIS ,

« Je suis prêt à tout, pour aider mon pays à se relever de ses ruines et à reprendre son rang dans le monde ; le seul sacrifice que je ne puisse lui faire, C'EST CELUI DE MON HONNEUR ;

« Je suis et veux être de mon temps. Je rends un sincère hommage à toutes ses grandeurs, et, quelle que fût la couleur du drapeau sous lequel marchaient nos soldats, j'ai admiré leur héroïsme, et rendu grâce à Dieu de tout ce que leur bravoure ajoutait au trésor des gloires de la France.

« *Entre vous et moi il ne doit subsister ni malentendu ni arrière-pensée.*

« Non, je ne laisserai pas, parce que l'ignorance ou la crédulité auront parlé de privilége, d'absolutisme et d'intolérance, que sais-je encore ? de dîmes, de droits féodaux, fantômes que la plus audacieuse mauvaise foi essaie de ressusciter à vos yeux, — *je ne laisserai pas arracher de mes mains l'étendard d'Henri IV, de François I*er *et de Jeanne d'Arc.*

« C'est avec lui que s'est faite l'unité nationale, c'est avec lui que vos pères, conduits par les miens, ont conquis cette Alsace et cette Lorraine dont la fidélité sera la consolation de nos malheurs.

« Il a vaincu la barbarie sur cette terre

d'Afrique, témoin des premiers faits d'armes des princes de ma famille ; C'EST LUI QUI VAINCRA LA BARBARIE NOUVELLE DONT LE MONDE EST MENACÉ.

« Je le confierai sans crainte à la vaillance de notre armée ; il n'a jamais suivi , elle le sait, que le chemin de l'honneur.

« Je l'ai reçu comme un dépôt sacré du vieux Roi mon aïeul mourant en exil ; il a toujours été pour moi *inséparable de la Patrie absente ;* IL A FLOTTÉ SUR MON BERCEAU, JE VEUX QU'IL OMBRAGE MA TOMBE.

Dans les plis glorieux de cet étendard sans tache, je vous apporterai l'ordre et la liberté.

« FRANÇAIS ;

« *Henri V ne peut abandonner le drapeau blanc d'Henri IV.*

En présence de ce document immortel où la pensée royale était si noblement et si clairement exprimée, il était permis de croire que M. le comte de Chambord serait désormais compris ; mais les insinuations perfides d'une presse hostile et déloyale, jointes aux expédients d'une politique équivoque et sans dignité, vinrent paralyser, dès sa naissance, l'œuvre de salut si heureusement commencée. La parole astucieuse de M. Thiers trouva des oreilles attentives au sein de la Représentation Nationale, et une majorité complaisante entoura le fauteuil présidentiel.

Cependant un acte solennel venait de s'accomplir. Le représentant actuel de la Maison d'Orléans avait enfin réalisé la pensée des hommes de cœur, par sa démarche respectueuse auprès de l'Auguste Chef de la Maison de Bourbon. Le Comte de Paris avait visité son royal cousin M. le Comte de Chambord, accompagné des vœux de tous les princes de sa famille, et la réconciliation des deux branches était accomplie.

Cette nouvelle, accueillie en France avec le plus vif intérêt, fut considérée par les hommes d'ordre comme un second pas vers la Monarchie dont le rétablissement ne fut plus à leurs yeux qu'une question de temps.

D'autre part, les tendances d'un pouvoir dictatorial devenant chaque jour plus maninifestes, un sentiment de dignité s'éveilla au sein de l'Assemblée nationale qui, par un vote énergique, blâma la politique du ministère dont la retraite forcée allait entraîner celle de M. Thiers.

C'est dans ces circonstances que la majorité conservatrice, personnifiée par la droite de l'Assemblée, offrit au Maréchal de Mac-Mahon la Présidence de la République, comme étant l'homme le plus digne de la Magistrature suprême et le plus propre à sauvegarder les grands intérêts du pays.

III.

La France entière accueillit l'avènement du Maréchal à la Présidence comme le prélude de jours meilleurs, et le prestige qu'avait exercé jusque là son équivoque prédécesseur, s'effaça bientôt devant le soldat illustre dont le caractère chevaleresque allait recevoir une auguste et solennelle consécration.

Par son message du 25 mai 1873, le Maréchal Président acheva de rallier autour de lui, non-seulement les hommes d'ordre qui siégeaient à l'Assemblée Nationale, mais encore tous ceux qui, étrangers aux luttes parlementaires, avaient vraiment à cœur l'avenir du pays. — Dès lors le nom de Mac-Mahon devint inséparable de ceux de Pie IX et du Comte de Chambord, et l'on se plut à voir dans cet heureux groupe, un triple élément de salut.

A la voix du Souverain-Pontife, la Foi, un moment assoupie par les doctrines pernicieuses de la Libre-Pensée, s'était tout-à-coup réveillée au sein des populations chrétiennes, qui avaient répondu spontanément à l'appel de leur père bien-aimé, par des actes religieux et patriotiques auxquels la France avait pris une large part.

La Parole du Roi, si loyale et si vraie, avait été entendue, et dans un moment de généreux élan, la majorité conservatrice de l'Assemblée avait tourné ses regards vers CELUI QUI NE NOUS AVAIT JAMAIS TROMPÉS.

Enfin, la glorieuse épée *du Bayard des*

temps modernes, en rassurant désormais les amis de l'ordre contre toute tentative révolutionnaire, allait procurer à la France le moyen de se recueillir et de travailler activement à l'œuvre de sa régénération.

Déjà, par l'abrogation de la loi d'exil et la réconciliation des princes de la maison de France (1), deux pas importants avaient été faits dans cette voie salutaire; mais ces deux pas ne suffisaient point, aux yeux de certains esprits hésitants, pour le rétablissement immédiat de la Royauté. Il fallait encore apposer le sceau national à l'acte solennel et patriotique du 5 août, par un accord préalable entre le Roi et les mandataires du pays.

C'est pour réaliser cette pensée qu'une commission composée de neuf membres appartenant à la majorité conservatrice de l'As-

____

(1) Bien que la parole du Roi n'eût laissé aucun doute sur la sincérité et la loyauté de cette réconciliation, nous ne saurions nous empêcher de regretter aujourd'hui que M. le Comte de Paris n'ait pas cru devoir (ainsi que nous en avions exprimé la pensée dans un précédent écrit) répondre à l'appel qui lui avait été fait dans un but de conciliation générale par un document authentique livré à la publicité.

semblée, eut mission de transmettre à M. le Comte de Chambord, les vœux qui l'appelaient à venir prendre possession du trône de ses pères.

Une fois investie de son mandat, la Commission des Neuf se rendit à Frohsdorf pour exposer au Roi le but de la mission qui lui avait été confiée, et lui soumettre respectueusement certaines considérations relatives à la Constitution de l'Etat.

Le Comte de Chambord, qui avait écouté avec attention et déférence les délégués de la Commission, se montra dans cette circonstance, tel qu'il avait toujours été, c'est-à-dire large sur le terrain des libertés publiques, mais en même temps inébranlable pour tout ce qui touchait à son honneur et à sa dignité.

Le compte-rendu de ces négociations, publié le 15 octobre suivant et contresigné par le général Changarnier, président de la Commission des Neuf, était de nature à satisfaire toutes les exigences; mais, comme nous l'avons dit précédemment, le génie du mal qui veillait toujours, souffla dans une presse hos—

tile et déloyale, les interprétations les plus erronées, les insinuations les plus malveillantes; et, chose triste à constater, aucune voix généreuse ne se fit entendre, pour combattre et relever, dès le principe, des appréciations aussi absurdes que mensongères.

Alors le Comte de Chambord, voyant que ses intentions étaient indignement dénaturées, et que sa pensée, au sujet du drapeau, n'avait pas été comprise, crut devoir rectifier lui-même, des erreurs qui, parties des rangs même de l'Assemblée, auraient bientôt envahi le pays tout entier. Dans ce but il adressa la lettre suivante à M. Chesnelong, député de...... et membre de la Commission des Neuf :

Salzbourg, 27 octobre.

« J'ai conservé, Monsieur, de votre visite à Salzbourg un si bon souvenir, j'ai conçu pour votre noble caractère une si profonde estime, que je n'hésite pas à m'adresser loyalement à vous comme vous êtes venu loyalement à moi.

« Vous m'avez entretenu pendant de longues heures des destinées de notre chère et aimée patrie ; je sais qu'au retour vous avez prononcé au milieu de vos collègues des paroles qui vous vaudront mon éternelle reconnaissance. Je vous remercie d'avoir si bien compris les angoisses de mon âme et de n'avoir rien caché de l'inébranlable fermeté de mes résolutions. Aussi je ne me suis point ému quand l'opinion publique, emportée par un courant que je déplore, a prétendu que je consentais enfin à devenir *le Roi légitime de la Révolution*.

« J'avais pour garant le témoignage d'un homme de cœur ; j'étais résolu à garder le silence tant qu'on ne me forcerait pas de faire appel à ma loyauté ; mais puisque, malgré vos efforts, des malentendus s'accumulent, cherchant à rendre obscure *ma politique à ciel ouvert*, je dois toute la vérité à ce pays dont je puis être méconnu, mais qui rend hommage à ma sincérité, parce qu'il sait *que je ne l'ai jamais trompé et que je ne le tromperai jamais.*

« On me demande aujourd'hui *le sacrifice de mon honneur.* Que puis-je répondre? *sinon que je ne rétracte rien, ne retranche* rien de mes précédentes déclarations. Les prétentions de la veille me donnent la mesure des exigences du lendemain, et je ne puis consentir à inaugurer un règne réparateur et fort par un acte de faiblesse.

« Il est de mode d'opposer à la fermeté d'Henri V l'habileté d'Henri IV. « *Le violent amour que je porte à mes sujets*, disait-il souvent, *me rend tout possible et honorable.* » Je prétends sur ce point ne lui céder en rien ; mais je voudrais bien savoir quelle leçon se fût attiré l'imprudent qui eût été assez osé pour lui persuader de renier *l'étendard d'Arques et d'Ivry.*

« Vous appartenez, Monsieur, à la province qui l'a vu naître ; vous serez, comme moi d'avis qu'il eût promptement désarmé son interlocuteur en lui disant avec sa verve béarnaise : « *Mon ami prenez mon drapeau blanc, il vous conduira toujours au chemin de l'honneur et de la victoire.* »

« On m'accuse de ne pas tenir en assez haute estime la valeur de nos soldats, et cela au moment où je n'aspire qu'à leur confier tout ce que j'ai de plus cher. On oublie donc que l'*honneur est le patrimoine commun de la Maison de Bourbon et de l'armée française*, et que sur ce terrain là on ne peut manquer de s'entendre.

« Non, je ne méconnais aucune des gloires de ma patrie, et Dieu seul, au fond de mon exil, a vu couler mes larmes de reconnaissance toutes les fois que, dans la bonne ou la mauvaise fortune, les enfants de la France se sont montrés dignes d'elle.

« Mais nous avons ensemble une grande OEuvre à accomplir ; je suis prêt, tout prêt à l'entreprendre quand on le voudra, *dès demain, dès ce soir, dès ce moment*. C'est pourquoi je veux rester tout entier ce que je suis ; *amoindri aujourd'hui, je serais impuissant demain*. Il ne s'agit de rien moins que de reconstituer sur ses bases naturelles la Société profondément ébranlée ; d'assurer avec énergie le règne de la loi ; de faire renaître la prospérité au dedans, contracter au dehors des alliances durables, et surtout ne pas craindre d'employer la force au service de l'ordre et de la justice

« On parle de conditions ; m'en a-t-il posé *ce jeune prince dont j'ai ressenti avec tant de bonheur la loyale étreinte*, et qui, n'écoutant que son patriotisme, venait spontanément à moi, m'apporter au nom de tous les siens des assurances de paix, de dévouement et de réconciliation ?

« On veut des garanties. En a-t-on demandé à ce *Bayard des temps modernes* dans cette nuit mémorable du 24 Mai, où l'on imposait à sa modestie la glorieuse mission de calmer son pays par une de ces paroles d'honnête homme et de soldat qui rassurent les bons et font trembler les méchants ! Je n'ai pas, c'est vrai, porté comme lui l'épée de la France sur vingt champs de bataille ; mais j'ai conservé intact, pendant 43 ans le dépôt sacré de nos traditions et de nos libertés ; j'ai donc le droit de compter sur la même confiance, je dois inspirer la même sécurité.

Ma personne n'est rien, mon principe est tout. La France verra la fin de ses épreuves quand elle le voudra. *Je suis le pilote nécessaire et seul capable de conduire le navire au port parce que j'ai mission et autorité pour cela.*

« Vous pouvez beaucoup, Monsieur, pour dissiper les malentendus et arrêter les défaillances à l'heure de la lutte ; vos consolantes paroles en quittant Salzbourg, sont sans cesse présentes à ma pensée. *La France ne peut pas périr, car le Christ aime encore ses Francs* ; et lorsque Dieu a résolu de sauver un peuple, il veille à ce que le sceptre de sa justice ne soit remis qu'en des.mains assez fermes pour le porter. »

Cette lettre, qui résumait en elle tout ce qu'il y avait de grandeur, de noblesse et de loyauté dans le cœur du Roi, et qui par cela même, eût dû dissiper à tout jamais, les malentendus de la situation, fut, chose pénible à constater, considérée par certains hommes politiques comme une sorte d'abdication.

Et tandis que les uns formulaient hypocritement une opinion qu'ils n'avaient pas au fond de leur âme, d'autres osaient blâmer le Roi d'avoir touché à la question du drapeau;

comme s'il avait fait autre chose, en cela, que redresser les erreurs qui s'étaient répandues dans le public touchant une pensée qu'il avait déjà exprimée dans sa proclamation du 5 juillet 1871 au peuple français, et cela de manière à ne pas laisser l'ombre même d'un doute sur là couleur de ce drapeau.

Aussi les vrais amis de la Royauté, tout en regrettant de voir ainsi ajourner la réalisation de leurs espérances, applaudirent-ils sans réserve au langage si élevé et si patriotique de CELUI qui avait préféré reprendre le chemin de l'exil plutôt que de consentir à devenir « le Roi légitime de la Révolution. »

Que fût, en effet, devenu le prestige du Comte de Chambord, tant en France qu'à l'Etranger, si cédant à des considérations personnelles et d'intérêt secondaire, il avait rompu brusquement la chaîne de nos traditions séculaires, par des concessions indignes d'un grand Souverain ?

Mais, comme le Christ sur la montagne, *le royal* exilé de *Frohsdorf* ne se laissa point éblouir par l'offre du plus beau royaume du monde après celui du Ciel, et en restant iné-branlable sur le terrain de l'honneur et de la dignité, il sut rehausser encore ce caractère qui n'a d'égal aujourd'hui que celui du glorieux et immortel Pie IX.

Cependant la France, épuisée par les désas-tres d'une guerre sans précedent, voyait avec anxiété le mouvement commercial paralysé par un provisoire rien moins que satisfaisant; et, par l'organe de la presse périodique et de nombreux écrits marqués au coin de l'honneur et de la loyauté, s'efforçait d'appeler la sollici-tude de ses gouvernants sur une situation qui la minait, au dedans, et la laissait sans aucune influence à l'extérieur.

Mais, soit que les intrigues pratiquées par un certain groupe d'anciens conservateurs qui n'avaient pas craint de passer dans les rangs opposés, eussent réussi peu à peu à disloquer l'ancienne majorité; soit, qu'en effet, la pensée qui avait présidé au vote du 24 Mai eût perdu de son énergie, le rétablissement de la Monarchie traditionnelle fut jugé impos-sible, et l'Assemblée prorogea, pour sept

années, les pouvoirs du Maréchal de Mac-
Mahon.

En déterminant ainsi la durée des pouvoirs
présidentiels, c'était, nous aimons à le dire,
donner un nouveau témoignage de confiance à
la personne du Maréchal, et conjurer pour
une période plus longue, les dangers de la situation ; mais c'était aussi prolonger le provisoire; c'était marcher toujours sur le chemin
de l'inconnu ; c'était s'exposer encore au danger des fausses interprétations.

C'est ainsi que, malgré les réserves formu-
lées par M. Chesnelong à la Tribune Nationale,
avant le vote du 20 Novembre, et les déclarations, non moins formelles, faites plus tard par
M. de Broglie au nom du Gouvernement, la
Prorogation Septennale a été considérée, d'un
côté, comme devant fermer définitivement la
porte à la Monarchie, et de l'autre, comme
ayant le caractère d'une véritable institution.

En l'état de ce nouveau conflit dont l'is-
sue rien moins que certaine venait compli-
quer encore les embarras de la situation,
M. le Comte de Chambord, dans sa paternelle

sollicitude pour « cette France qu'il aime et que, seul, il peut sauver, » voulut, comme toujours, prémunir les esprits faibles et irrésolus, contre cette politique d'expédient qui, ne pouvant jamais rien fonder de sérieux et de stable, ne fait que conjurer les périls du moment sans pouvoir garantir la sécurité de l'avenir ; et, comme il l'avait fait déjà dans plusieurs circonstances solennelles, il s'adressa directement au peuple français par sa proclamation du 2 juillet, publiée d'abord par l'*Union*, et que nous reproduirons ici en entier, comme étant désormais tombée dans le domaine de la publicité.

« FRANÇAIS !

« Vous avez demandé le salut de notre patrie à des solutions temporaires et vous semblez à la veille de vous jeter dans de nouveaux hasards. Chacune des révolutions survenues depuis quatre-vingt ans a été une démonstration éclatante du tempérament monarchique du pays, *la France a besoin de la Royauté.*

« MA NAISSANCE M'A FAIT VOTRE ROI. Je manquerais au plus sacré de mes devoirs si, à ce moment solennel, je ne tentais un suPRÊME EFFORT pour renverser la barrière de préjugés qui me sépare encore de vous.

« Je connais toutes les accusations portées contre ma politique, contre mon attitude, mes paroles et mes actes, il n'est pas jusqu'à mon silence qui ne serve de prétexte à d'incessantes récriminations. Si je l'ai gardé depuis de longs mois, c'est que je ne voulais pas rendre plus difficile *la mission de l'illustre soldat dont l'épée vous protége*. Mais, aujourd'hui, en présence de tant d'erreurs accumulées, de tant de mensonges répandus, de tant d'honnêtes gens trompés, le silence n'est plus permis, l'honneur m'impose une énergique protestation.

« En déclarant, au mois d'octobre dernier, que j'étais prêt à renouer avec vous la chaîne de nos destinées ; à relever l'édifice ébranlé de notre grandeur nationale, avec le concours de tous les dévouements sincères, sans distinction de rang, d'origine ou de parti ; en affirmant que je ne retractais rien des déclarations sans cesse renouvelées depuis trente ans dans des documents officiels et privés qui sont dans toutes les mains, *je comptais sur l'intelligence proverbiale de notre race et sur la clarté de notre langue.* On a feint de comprendre que je plaçais le pouvoir royal au-dessus des lois et que je rêvais je ne sais quelles combinaisons gouvernementales basées sur l'arbitraire et l'absolu. Non ! la *Monarchie chrétienne et française* est, dans son essence même, une monarchie tempérée qui n'a rien à emprunter à *ces gouvernements d'aventure qui promettent l'âge d'or et conduisent aux abîmes.* Cette monarchie tempérée comporte l'existence de deux chambres, dont l'une est nommée par le Souverain, dans des catégories déterminées, et l'autre par la Nation, selon le mode de suffrage réglé par la loi. Où trouver ici la place de l'arbitraire ? Le jour où, vous et moi, nous pourrons, *face à face,* traiter ensemble des intérêts de la France, vous apprendrez comment *l'union du Peuple et du Roi* a permis à la Monarchie française de déjouer pendant tant de siècles, les calculs de ceux qui ne luttent *contre le Roi que pour dominer le Peuple.*

Il n'est pas vrai de dire que ma politique soit en désaccord avec les aspirations du pays. Je veux un pouvoir réparateur et fort; la France ne le veut pas moins que moi; son intérêt l'y porte, son instinct le réclame. On recherche des alliances sérieuses et durables : tout le monde comprend que la Monarchie traditionnelle peut seule nous les donner. Je veux trouver dans les représentants de la Nation des *auxiliaires vigilants*, pour l'examen des questions soumises à leur contrôle, mais je ne veux pas de ces *luttes stériles de Parlement d'où le Souverain sort trop souvent impuissant et affaibli.* Et si je repousse la formule d'importation étrangère, que répudient toutes nos traditions nationales, avec son roi « qui règne et qui ne gouverne pas, » là encore je me sens en communauté parfaite avec les désirs de l'immense majorité qui ne comprend rien à ces fictions et qui est fatiguée de ces mensonges.

Français !

Je suis prêt aujourd'hui comme je l'étais hier.

La Maison de France est sincèrement et loyalement réconciliée. Ralliez-vous, confiants, derrière elle. *Trève à nos divisions pour ne songer qu'aux maux de la Patrie!* N'a-t-elle pas assez souffert ? n'est-il pas temps de lui rendre, avec sa Royauté séculaire, la prospérité, la sécurité, la dignité, la grandeur et tout ce cortége de libertés fécondes que vous n'obtiendrez jamais sans elle ?

« L'œuvre est laborieuse; mais, Dieu aidant, nous pouvons l'accomplir. *Que chacun, dans sa conscience, pèse les responsabilités du présent et songe aux sévérités de l'histoire.* »

Ce document, irréprochable au fond comme dans la forme, et qui résumait admirablement les principes politiques et les sentimens élevés de Monseigneur le comte de Chambord, fut encore indignement commenté par une presse hostile et inintelligente qui osa avancer, cette fois, que le silence du Roi sur la question du drapeau devait être considérée comme une abdication définitive.

Ainsi, aux yeux de *certains esprits forts*, révendiquer ses droits héréditaires à la Couronne de France, entourée des prérogatives royales, en refusant d'être « le Roi légitime de la révolution, » exprimer clairement sa pensée sur le drapeau de son choix ou garder le silence à cet égard, c'est se rendre *impossible*, c'est *abdiquer*.

Non ! *Celui qui a conservé intact pendant 43 ans le dépôt sacré de nos traditions et de nos libertés ; Celui qui est le pilote nécessaire et seul capable de conduire le navire au port, parce qu'il a mission et autorité pour cela ; Celui qui est prêt aujourd'hui, comme il l'était hier*, non, Celui-là n'est pas *impossible*, non Celui-là n'a pas *abdiqué* ! ! !

Et s'il n'a pas abdiqué, quand vous aurez assez tourné et retourné dans le cercle vicieux où vous êtes imprudemment engagés, il sera encore là pour vous tendre la main et vous aider à en sortir, si vous le voulez.

Ne cherchez donc plus à égarer l'opinion

publique par vos coupables insinuations ; et si vous êtes incapables d'apprécier le langage et les sentiments de *Celui qui ne vous a jamais trompés*, résignez-vous à garder le silence et laissez à d'autres le soin de les interprêter.

Mais il était réservé au Ministère de Fortou de renchérir encore, sur la politique ombrageuse du précédent cabinet, par l'adoption d'une mesure dont la gravité exceptionnelle devait profondément blesser les sentiments de la Droite et causer, à la fois, la chûte du nouveau ministère.

La suspension de l'*Union*, décidée en Conseil des ministres et mise à exécution le jour même de la publication du dernier manifeste de Monseigneur le Comte de Chambord, fut considérée avec raison comme injurieuse non seulement pour les partisans sincères de la légitimité, mais encore pour la personne du Roi lui-même ; et, dans une réunion qui avait été provoquée à raison de cet incident, il fut décidé qu'il y avait lieu d'en faire l'objet d'une interpellation au Gouvernement.

Hâtons-nous de dire qu'une voix éloquente

et généreuse, après avoir blamé énergiquement cette mesure injustifiable, devant la Chambre des députés, démontra jusqu'à l'évidence, qu'en prorogeant, pour sept années, les pouvoirs présidentiels, l'Assemblée Nationale n'avait, en aucune manière, aliéné son droit de souveraineté, et qu'elle serait toujours libre de régler, comme elle l'entendrait, lors de la discussion des lois constitutionnelles, l'exercice et le caractère des pouvoirs du Maréchal, comme aussi de déterminer la forme définitive du gouvernement.

Aussi, est-ce à cette saine et logique interprétation de la loi du 20 novembre qu'on doit attribuer le résultat du vote significatif qui, après avoir repoussé la proposition de la République définitive ainsi que celle de dissolution, ajourna à la session prochaine les débats relatifs à la Constitution (1).

(1) Si le vote du 25 Février à résolu, en partie, cette grave question, par le maintien de la forme républicaine durant le Septennat du Maréchal Mac-Mahon, le droit de *révision* consacré par l'article 8 des lois organiques, n'en laisse pas moins à la Chambre actuelle celui de modifier, avant sa dissolution, une forme de gouvernement qui serait reconnue incompatible avec les vœux et les besoins du pays.

Si, dans cette séance solennelle, la majorité conservatrice de l'Assemblée, par une conséquence logique de son vote négatif, coupant court à toute idée de temporisation, avait proclamé hardiment LA MONARCHIE TRADITIONNELLE ET NATIONALE, la France qui, aux yeux des vrais conservateurs, a *bien assez souffert*, n'aurait pas vu s'ajouter encore à son malaise intérieur, la douloureuse perspective de nouvelles humiliations au dehors.

Et le peuple laborieux et honnête, oubliant peu à peu ses souffrances passées, aurait vu renaitre avec *Celui que la naissance a fait notre Roi*, cette confiance et cette sécurité indispensables au mouvement des affaires, et qui assurent au travail le pain du jour et celui du lendemain.

Maintenant, que pourrions-nous ajouter en faveur d'une cause que tant de plumes habiles ont si vaillamment défendue, si ce n'est d'appeler, une fois encore, l'attention de nos députés conservateurs sur la *parole du Roi*, si clairement et si noblement exprimée dans sa dernière proclamation au peuple français.

Mais, si ce « suprême effort » était méconnu de ceux qui tiennent dans leurs mains les destinées du pays, si la Majorité conservatrice de l'Assemblée présentait encore, à la dernière heure, le triste spectacle de ses défaillances, oh! alors, n'en doutons point, une voix intérieure et spontanée, partie du cœur de la France, irait d'écho en écho, jusqu'à Versailles, disant : CELUI-CI EST BIEN NOTRE ROI !

Et les portes du Septennat s'ouvriraient comme d'elles mêmes, devant CELUI qui, *à la tête de toute la Maison de France, sincèrement et loyalement réconciliée*, viendrait, avec le concours de *l'illustre soldat dont l'épée nous protège, présider aux destinées de la nation chrétienne et française*, et accomplir, Dieu aidant, le grand œuvre de sa régénération.

Alors, mais alors seulement, nous pourrons nous écrier dans la joie de notre cœur et dans toute l'expression de la vérité :

LA VOIX DU PEUPLE, C'EST LA VOIX DE DIEU !

Cette solution, que semble devoir amener la force même des choses, avait été entrevue

il y a 27 ans, par un écrivain distingué, répu-
blicain de vieille date, lors d'une visite qu'il
fit à M. le comte de Chambord, en décembre
1848.

M. Charles Didier, dans une brochure qui
eut alors un grand retentissement et qui avait
pour titre : *Une visite à M. le duc de Bordeaux*, après avoir rendu hommage aux grandes qualités du prince qu'il avait vu de près, et
loyalement constaté l'impression qu'il en avait
reçue, rend compte de la conversation qu'ils
eurent ensemble et qui s'était ouverte en ces
termes :

« MONSEIGNEUR, j'ignore, et Dieu seul peut
savoir qu'elles destinées vous sont réservées
dans l'avenir ; mais si vous avez une chance
de régner quelque jour en France, ce que, pour
mon compte je ne désire pas, cette chance la
voici : Que par impossible, la France épuisée
par ses expériences, à bout de ressources, ne
trouve pas dans le principe électif la STABILITÉ
qu'elle poursuit, que le DÉCOURAGEMENT, les
MÉCOMPTES retournent jamais ses pensées vers
le PRINCIPE HÉRÉDITAIRE, comme base fixe de

l'autorité, vous représentez ce principe, et dans ce cas, C'EST LA FRANCE ELLE—MÊME QUI VIENDRA VOUS CHERCHER. Jusque là, je ne vois pour vous qu'une chose à faire : ATTENDRE. »

M. le Comte de Chambord a *attendu*, et si le *découragement*, si les *mécomptes*, sont venus justifier, hélas ! avec une si rigoureuse précision, les paroles échappées à M. Charles Didier au début de la conversation, n'y a-t-il pas lieu d'espérer *que la France elle-même ira le chercher?* Oui, la France ira le chercher le jour où elle sera convaincue de la vérité renfermée dans ces belles paroles du Psalmiste, qui ne sauraient être assez méditées de nos jours :

Nisi Dominus œdificaverit domum, in vanum laboraverunt qui œdificant eam.

Et alors, plus heureux que le grand orateur dont la statue vient d'orner récemment une de nos places publiques, nous verrons le fils de Saint Louis monter sur le trône de ses pères et ouvrir à la France une nouvelle ère de gloire et de prospérité.

Nous terminerons nos appréciations touchant la PAROLE DU ROI, par la reproduction de deux pièces de vers, extraites des recueils de *poésies intimes* que nous avons publiés en 1851 et 1872 sous les titres de : *Solitude* et de : *Loisirs poétiques et littéraires*, et auxquelles se rattachent deux de nos meilleurs souvenirs :

A M. BERRYER

DÉPUTÉ DE MARSEILLE

———

Oui, Berryer, l'union est le gage infaillible
Du bonheur des États, et tu la crois possible.
Tu crois que les Français, si prompts à s'enflammer,
Pourront enfin s'entendre, et s'unir, et s'aimer.
Ah ! si, mettant un terme à leur longue querelle,
Les partis rapprochés, brûlant d'un même zèle,
Pour l'honneur de la France élevaient tous la voix ;
Si les cœurs modérés et forts de leurs bons droits,
Par un heureux concours, une sage harmonie,
Battaient tous au seul nom de France, de Patrie,
Alors sans doute, alors nous verrions s'accomplir
Ce que ton noble cœur demande à l'avenir :
La France, ce pays d'immortelle mémoire,
Serait bientôt rendue à son antique gloire ;
Et, fière de son rang, fière de ses grands noms,
Elle se lèverait reine des nations !
Reine des nations ! oui, Berryer, c'est ton rêve.
L'horizon s'éclaircit, poursuis ta tâche, achève.
Tes ennemis feront des efforts superflus ;
Dieu lui-même a marqué le front de ses élus !

UNE ÉTOILE A L'HORIZON

Quand la voix du canon vint, dans la ville immense,
Annoncer qu'un Bourbon était né pour la France,
Le peuple avec amour salua son berceau ;
Et, dans son noble orgueil, semblait vouloir lui-même
      Poser le diadême
Sur le front de l'enfant purifié par l'eau.

Auguste rejeton d'une tige immortelle !
Daigne le Tout-Puissant te couvrir de son aile !
Puisse, du haut des Cieux, le généreux Michel,
Foudroyer sans pitié, dans sa juste colère,
      Le mortel téméraire
Qui sur toi lèverait le poignard de Louvel !

Pardonne si ma voix rappelle à ta pensée,
D'un père malheureux la jeunesse brisée,
Alors que le bonheur semblait suivre ses pas :
Héroïque martyr qui, dans son agonie,
      Léguait à la Patrie
Un prince qui devait survivre à son trépas !

Et l'exil a frappé son innocente tête...
Aux plus beaux de ses ans, battu par la tempête,
Il se vit dépouillé du bien de ses aïeux ;
Mais ce qui fut le plus sensible à sa jeune âme,
    Ce fut l'arrêt infâme
Qui le forçait de vivre, hélas ! sous d'autres cieux.

Il grandit dans l'exil ; sur la terre étrangère,
Maintes fois des douleurs il but la coupe amère ;
Maintes fois il pleura sur ses cruels destins ;
Mais, toujours noble et grand comme ceux de sa race,
    Il adora la face
Du Dieu qui nous éprouve en cachant ses desseins.

Il grandit dans l'exil ; sur des plages lointaines,
Plus d'une fois il vit des têtes souveraines
Déposer à ses pieds le tribut des grandeurs ;
Mais tout cela pour lui n'était pas la patrie,
    Cette terre chérie
Dont le nom seul toujours fit battre les grands cœurs.

Courage, enfant issu d'une race divine !
Celui qui sut porter la couronne d'épine
Mérita de monter sur le trône des rois ;
Car tu n'ignores point que les pasteurs des hommes,
    Sur la terre où nous sommes,
Doivent, par leurs vertus, faire chérir leurs lois.

Vois ces hommes qu'un jour de fatale mémoire
Eleva tout-à-coup au *pouvoir provisoire*;
Que nous reste-t-il d'eux aux yeux de la raison,
Si ce n'est le tableau des discordes fatales,
>> Qu'en ses tristes annales,
L'Histoire frappera de réprobation !

Honte à ces corrupteurs d'humaine intelligence
Qui, vers de bas instincts voulant pousser la France,
S'efforçaient d'étouffer la Foi de nos aïeux !
Le Dieu de vérité qui veillait auprès d'elle,
>> Fit jaillir l'étincelle
Qui devait tout-à-coup lui dessiller les yeux.

Alors la France vit à travers le nuage
Qui, dans ses vastes flancs couvait un noir orage,
Une étoile briller au loin sur l'autre bord.
Vers cet astre sauveur les regards se portèrent;
>> Les échos répétèrent :
LE COMTE DE CHAMBORD ! LE COMTE DE CHAMBORD !

Marseille, 29 septembre 1850.